YOU WILL BE A BLESSING
(Gen 12,2)
- Genesis Questionnaire -

너는 복이 되리라

(창세 12,2)

- 영한 창세기 문제집 -

성서와함께

Table of Contents
차례

Thanksgiving

We give thanks and praise to the Lord who guides us in every step towards making this questionnaire on the Book of Genesis possible.

This study guide for the young adults in America is based upon the study guides in the Catholic Bible Life Movement in Korea.

There are many who have contributed in making this study guide possible, and all of their names are impossible to list on this page. However, we are confident that our Heavenly "Father who sees in secret will reward" (Mt 6,4) and bless their heartfelt efforts.

We express our gratitude in advance to the future participants in the studies who will improve and thus contribute to the completion of this study guide.

May the blessing of the Lord be with those who use this study guide. "God saw everything that he had made, and indeed, it was very good" (Gen 1,31).

* March 25, 2004 The Feast of the Anunciation of the Lord Catholic Bible Life Movement in the United States

감사

이 창세기 문제집이 나오기까지
늘 이끌어 주신 주님께 찬미와 감사를 드립니다.

미주 지역의 젊은이들을 위한 이 문제집은
가톨릭성서모임의 기존 문제집을 바탕으로 하고
서울 청년성서모임의 문제집을 참조하였습니다.

"숨은 일도 보시는"(마태 6,4) 주님께서
이 작업에 함께 해 온 모든 분들의 숨은 노고를
강복하여 주시기를 기도합니다.

미완성인 이 문제집이 보완되기까지
계속 참여해 주실 성서가족 여러분께
미리 감사를 드립니다.

"보시니 모든 것이 참 좋았다"(창세 1,31) 하시는
하느님 말씀의 강복이 창세기를 공부하는 모든 분들과
늘 함께 하기를 빕니다.

2004년 3월 25일 주님 탄생 예고 대축일에
미주 가톨릭 성서모임

Study Guide

1. Opening Prayer: "Come Holy Spirit"
   1) Pray that we become enlightened by the Holy Spirit.
   2) Pray according to the prayer intention of each lesson.
   3) Record your prayer down in your note book as you meditate

2. Read: "Open (Take the veil from) my eyes" (Ps 119,18)
   1) Be aware of God's presence in the Word of God.
   2) Carefully and slowly, read the given text.

3. Ask: "The unfolding of your words gives light; it imparts understanding to the simple." (Ps 119,130)
   1) Write down the given verses for each question.
   2) Write down your answer of the question with the aid of your reference books.

4. Taste: "Mary pondered what sort of greeting this might be." (Lk 1,29)
   1) Apply your own life for the message of the bible verse.
   2) Tasting the word (Meditation) means a reflection on your own life, not someone else's.
   3) Write your meditation down prayerfully.

5. Live: "Greetings, favored one! The Lord is with you." (Lk 1,28)
   1) Meditate and reflect often on the Word.
   2) Try to live according to the suggestion of the lesson.

6. Closing Prayer: "Your word is a lamp to my feet, a light to my path." (Ps 119,105)
   1) Be thankful for the grace which we receive through the bible study.
   2) Pray by taking turns pray out loud in your own words

Preferred Bible Numbering System

Gn 1,2 Genesis chapter 1 verse 2
Gn 1,2a Genesis chapter 1, first part of verse 2
Gn 1,2f Genesis chapter 1, verse 2 and the following verse
Gn 1,1-10 Genesis chapter 1 verse 1 through 10
Gn 1,1-10.14 Genesis chapter 1 verse 1 through 10 and
            verse 14
Gn 1,1-2,3 Genesis chapter 1 verse 1 through chapter 2
            verse 3
Gn 1,1; 2,3 Genesis chapter 1 verse 1 and chapter 2 verse 3
            but not inclusively

* In the American style of numbering 1,2 is shown as 1:2, however we use the international numbering method as stated above.

공부안내

1. **시작기도:** "오소서 성령이여"
   1) 성령께서 비추어 주시기를 기도합니다.
   2) 각 과의 기도지향에 따라서 기도합니다.
   3) 기도를 마음에 새기면서 노트에 적습니다.

2. **읽기:** "제 눈을 열어 주소서."(시편 119,18)
   1) 하느님께서 말씀 안에 현존하심을 의식합니다.
   2) 해당 본문을 읽으십시오. 주의 깊게… 천천히…

3. **배움:** "당신의 말씀이 우둔한 이들을 깨우쳐 주나이다."
   (시편 119,130)
   1) 각 문제의 해당 성서 구절을 노트에 적습니다.
   2) 참고 자료를 읽으며 관련되는 내용을 기록합니다.

4. **묵상:** "마리아는 그 인사말이 무슨 뜻일까 곰곰이 생각하였다."
   (루가 1,29)
   1) 성서 본문의 메시지를 자신의 상황에 적용하십시오.
   2) 묵상은 다른 사람이 아닌, 자신의 삶을 돌아보는 것입니다.
   3) 묵상한 내용을 기도하는 마음으로 노트에 적으십시오.

5. **생활:** "기뻐하여라. 주께서 너와 함께 계신다."(루가 1,28)
   1) 말씀을 자주 되새깁니다.
   2) 해당 과에 제시된 결심사항을 실천하도록 노력합니다.

6. **마침기도:** "당신의 말씀은 내 발의 등불이요 나의 길에 빛이옵니
   다."(시편 119,6)
   1) 성서공부를 통해 받은 은혜를 감사드립니다.
   2) 자신의 말로 자유기도를 드립니다.

우리가 사용하는 성서 장 절 표기법

창세 1,2   창세기 1장 2절
창세 1,2ㄱ   창세기 1장 2절의 첫 부분
창세 1,2 이하   창세기 1장 2절과 그 이하 절들
창세 1,1-10   창세기 1장 1절부터 10절까지
창세 1,1-10.14   창세기 1장 1절부터 10절과 14절
창세 1,1-2,3   창세기 1장 1절부터 2장 3절까지
창세 1,1; 2,3   창세기 1장 1절과 2장 3절

* 미국식 성서표기법은 1, 2을 1:2로 한다. 그러나 우리는 세계
  보편적인 표기법인 위의 표기방법을 따른다!

* 이 문제집에서 인용하는 성서 구절은 《구약성서 새 번역 창세기》(한국천주
  교 성서위원회 편찬, 임승필 역, 한국천주교중앙협의회 발행, 1995)에 따른
  다.

* 바로 잡습니다.
  39쪽과 45쪽 그림이 바꿔었습니다.

Catholic Bible Life Movement

Spirituality: In Our Lord Jesus Christ we proclaim the Good News while we believe, pray and act on the Word of God.

1. In our Lord Jesus Christ:
   We, as the branches of "the vine" (Jn 15,1), whatever [we] do, in word or deed, giving thanks to God the Father through him (Col 3,17).

2. On the Word of God:
   We, because "the word of Christ dwell in you richly" (Col 3,16), center on the words of God and study the written record of His words, the Bible, through our own personal and private worship.

3. We believe:
   We, "looking to Jesus the pioneer and perfector of our faith" (Heb 12,2), do not lose our faith in any circumstances.

4. We pray:
   We ask the light of the Holy Spirit to shine upon us by praying, "ought to always pray" (Lk 18,1; 1Thes 5,17). We begin and finish, in anything we do, with a prayer.

5. We act:
   We persevere in our efforts to "be doers of the word, and not merely hearers" (Jas 1,22).

6. The Good News:
   We build upon "the good news of Jesus Christ, the Son of God" (Mk 1,1), as our strength and foundation.

7. We proclaim:
   We, with our Lord Jesus Christ who said, "I am with you always, to the end of the age" (Mt 28,20), "go into all the world and proclaim the good news to the whole creation" (Mk 16,15).

Purpose

1. Continuation of the Education for the Faithful:
   Let the faithful receive a continual faith education in order to illuminate the power of the Good News in their daily family and social life (Lumen Gentium 35).
2. Make the Liturgy a Vital Part of Daily Life:
   That the faithful may realize the abundant treasure of the Word of God in the Holy Liturgy (Dei Verbum 25), they are to be encouraged to participate in the Liturgy positively with active and prayerful reverence.
3. Training the Servants of the Word of God:
   Following the example of the leadership of the laity in the tradition of Korean Church History, the goal is to train the lay servants of the Word who lead the bible groups. The Servants of the Word are the persons who proclaim; "we do not proclaim ourselves, we proclaim Jesus Chris as Lord" (2Cor 4,5).
4. The global mission:
   The goal is to have a world mission according to the Word, to accomplish, through the contribution of the Servants of the Word, the command of Jesus Christ that "You will be my witnesses to the ends of the earth" (Acts 1,8).

Symbols

The symbol CBLM is fish designed mark. The Greek alphabet for a fish, which is Ixthus, was formed as the confession of Christian faith during the time of the persecution amongst the early Christian Church.

'Ichthus' is formed with each letter having its own specific meaning as 'Ιχθύς

follows. Inherited the tradition of the early church at the time of persecution, we made the symbol of fish in which the spirit of CBLM is expressed as follows:

χριστός Christ	προσεύχομαι pray	λόγος Word	ποίεω act
πιστεύω believe	εὐαγγέλιον Good News	κηρύσσω proclaim	

가톨릭 성서모임

정신: 주 예수 그리스도 안에서 하느님의 말씀을 믿고
    기도하고 행하면서 기쁜 소식을 선포한다.

1. **주 예수 그리스도 안에서:**
   우리는 "포도나무"이신 주 예수 그리스도의 가지로서(요한
   15,5) "무슨 말이나 무슨 일이나 모두 주 예수의 이름으로"
   (골로 3,17) 한다.
2. **하느님의 말씀을:**
   우리는 '우리 안에 살아 계시는'(골로 3,16) 하느님의 말씀을
   중심으로 모이고, 그 말씀을 기록한 성서를 공부하며, 말씀의
   공적 예배인 전례에 적극 참여한다.
3. **믿고:**
   우리는 "우리 믿음의 근원이며 완성자이신 예수님만을 바라보며"
   (히브 12,2) 어떤 처지에서도 믿음을 잃지 않는다.
4. **기도하고:**
   우리는 성령의 비추심을 청하며 "언제나 기도하고"(루가 18,1;
   1데살 5,17) 무슨 일을 하든지 기도로 시작하고 기도로 마친다.
5. **행하면서:**
   우리는 "듣기만 하여 자기 자신을 속이는 사람이 되지 말고 말씀
   대로 실천하는 사람이"(야고 1,22) 되도록 노력한다.
6. **기쁜 소식을:**
   우리는 "하느님의 아들 예수 그리스도에 관한 복음"(마르 1,1)
   을 우리 삶의 원천으로 삼는다.
7. **선포한다:**
   우리는 "세상 끝날까지 항상 함께 있겠다"(마태 28,20) 하시는
   주님과 함께 "온 세상을 두루 다니며 모든 사람에게 이 복음을
   선포"(마르 16,15)한다.

목적
1. 계속적인 신앙교육:
   "가정과 사회의 일상생활에서 복음의 힘이 빛나게"끔(교회 35)
   신자들에게 계속 신앙교육을 받게 한다.
2. 전례의 생활화:
   거룩한 전례에서 "하느님의 말씀의 한없는 보화를"(계시 25)
   깨닫고, 모든 전례에 의식적으로, 경건하게, 능동적으로
   참여하게 한다.
3. 말씀의 봉사자 양성:
   평신도들이 이끌었던 한국 천주교회사의 전통에 따라,
   성서그룹을 이끄는 말씀의 봉사자를 양성한다.
   말씀의 봉사자는 어떤 처지에서도 '나 자신을 선포하지 않고
   예수 그리스도가 주님이심을 선포'(2고린 4,5)하는 사람들이다.
4. 말씀의 봉사자들을 통한 국내외 선교 :
   말씀의 봉사자들을 통하여 '땅 끝에 이르기까지 어디에서나
   그리스도의 증인이 되라' (사도 1,8)고 하신 말씀대로 국내와
   세계 선교를 목적으로 한다.

상징
본 모임의 상징은 물고기다. 그리스어로 물고기를 '익뚜스' (Ἰχθύς)
라 하는데 이 낱말에는 다음과 같은 초기 교회 신자들의 신앙고백이
표현되어 있다.

Ἰχθύς

가톨릭 성서모임은 이와 같은 초기 교회의 전통을 이어 받아
물고기 상징에 본 모임의 정신을 다음과 같이 표현하고,
이를 본 모임의 상징으로 삼았다.

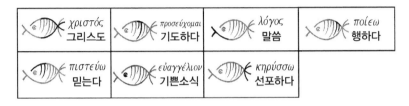

χριστός 그리스도	προσεύχομαι 기도하다	λόγος 말씀	ποίεω 행하다
πιστεύω 믿는다	εὐαγγέλιον 기쁜소식	κηρύσσω 선포하다	

FOR ALL FUTURE GENERATIONS
미래의 모든 세대를 위하여
(9,12)

Lesson 1
God Saw, It Was Very Good

CONTENTS
First Creation Narrative (1,1-2,4a)
1. The Base of our faith (1,1)
2. Creation of the Universe (1,2-25)
3. Creation of Humans and God's Blessing (1,26-31)
4. God's Rest: the Holy day (2,1-4a)

PRAY
1. Giving thanks to God who saw everything that He made "it was very good" (1,31).
2. Asking for God's grace for our newly started Bible sharing group.

READ: 1,1-2,4a
Read the given text underlining the words or sentences that touch you.
Reflect upon the meaning of the parts you underlined and share with the group.

ASK
1. Write down Genesis 1,1 from your heart.
   In what sense do you think this verse is important?
2. How many times are each of the following words repeated in the text?
   What meaning does each word in the text have for you?
   (a) God
   (b) And God said ⋯ and it was so.
   (c) And God saw that it was good.
   (d) God called ⋯
3. What was God's blessing and mission given to mankind (1,26-28)?

TASTE

1. God created me according to God's image (1,27).
   God saw everything that He had made, it was very good
   (Chapter 1). Meditate upon the verses.
   Reflection: What do I think of myself and others?
2. After God completed the creation, God rests on the
   seventh day and blesses it as a holy day (2,2-3).
   Meditate on the meaning of Sunday (Sabbath).
   Share how I am going to spend the holy days from now
   on.

LIVE

The world that God created as good is destroyed and
contaminated in our days. To preserve nature which is
God's blessing, let's make up our mind to take care of the
precious natural resources.
For example: To economize water, electricity, disposables,
and so on.

PRAY

Each member of the whole group takes turns praying in his
or her own words.

제1과
보시니 참 좋았다

내용: 첫 번째 창조 이야기 (1,1-2,4ㄱ)
1. 우리 신앙의 바탕 (1,1)
2. 세상의 창조 (1,2-25)
3. 인간의 창조와 하느님의 강복 (1,26-31)
4. 하느님께서 쉬시는 거룩한 날 (2,1-4ㄱ)

시작기도
1. "보시니 참 좋았다"(1,31)라고 하신 하느님께 감사드리며.
2. 새로 성서모임을 시작하는 우리에게 하느님의 은총이 내리기를 청하며.

읽기: 1,1-2,4ㄱ
해당 본문을 읽으며 마음에 와 닿는 문장에 밑줄을 긋고, 그 뜻을 생각하며 짧게 나눕시다.

배움
1. 창세기 1장 1절을 외워서 적으십시오. 이 구절이 왜 중요하다고 생각합니까?
2. 본문에서 다음 말들은 몇 번씩 되풀이되며 그 뜻은 무엇입니까?
   가) 하느님
   나) 말씀하시자 그대로 되었다.
   다) 보시니 참 좋았다.
   라) … 라고 부르셨다.
3. 창조주 하느님께서 사람에게 주신 복과 사명은 무엇입니까?
   (1,26-28)

묵상

1. 하느님께서는 나를 당신의 모습(1,27)으로 창조하시고, 만드신 모든 것을 보고 "좋았다" 하십니다(1장). 이 말씀을 묵상하면서 나는 나 자신과 다른 이들에 대해 어떻게 생각하는지 살펴봅시다.
2. 하느님께서는 창조를 마치신 다음 이렛날에는 쉬시고, 이 날을 거룩한 날로 강복하십니다(2,2-3). 안식일의 의미를 묵상하며 주일을 어떻게 지내야 하는지 생각해 봅시다.

생활

하느님께서 보시기에 참 좋았던 세상은 지금 이 순간에도 파괴되고 있습니다. 인류가 대대로 지키고 공유해야 하는 자연을 보존하기 위해 (1,27-28), 신앙인으로서 내가 할 수 있는 일을 구체적으로 결심합시다(예: 물, 전기 아끼기. 일회용품 안 쓰기).

마침기도

모든 그룹원이 돌아가며 자유기도 드리기.

Breath Into The Breath Of Life

CONTENTS
Second Creation Narrative (2,4b-25)
1. Creation of Adam (2,4b-7)
2. Providing a garden in Eden (2,8-14)
3. God's command to Man (2,15-17)
4. Creation of Eve (2,18-25)

PRAY
1. Praise to God who "breathed into Adam's nostrils the breath of life" (2,7).
2. Asking for grace that we may become good helpers to one another (2,20).

READ: 2,4b-25
God provides mankind with environment to live the fullness of life in a loving community. Read the text reflecting on God's love, blessing, and mission given to mankind and share a notable phrase with the group briefly.

ASK
1. What were the blessings and orders(or commandments) that God gave to man (2,7-17)?
2. What was God's reason and purpose for creating woman (2,18-22)?
   What did Adam exclaim on meeting Eve (2,23)?
3. How was Adam's supremacy among creatures described (2,19-20)?

TASTE

1. Man, made of lifeless clay of the earth, became a living being by God's breath of life(2,7). Meditating on the dignity and purpose of human life, ponder the situations where men preserve life and/or destroy it.
2. Reflecting on the meaning of the verse 24 of chapter 2, meditate on the importance of marriage and family.

LIVE

Reminding myself of the dignity of mankind being created from the breath of God, silently try to become more aware of my own breathing for 10 minutes.

PRAY

Each member of the whole group takes turns praying in his or her own words.

제2과
생명의 숨을 불어넣으시니

내용: 두 번째 창조 이야기 (2,4ㄴ-25)
1. 아담을 창조하시다 (2,4ㄴ-7)
2. 에덴동산을 마련하시다 (2,8-14)
3. 하느님의 명령 (2,15-17)
4. 하와를 창조하시다 (2,18-25)

시작기도
1. "생명의 숨을 불어넣으시는"(2,7) 하느님께 감사와 찬미를 드리며.
2. 서로 좋은 "협력자"(2,20)가 될 수 있기를 청하며.

읽기: 2,4ㄴ-25
하느님께서는 인간에게 좋은 삶의 환경과 사랑의 공동체를 만들어 주셨습니다. 인간 창조에서 나타난 하느님의 사랑, 인간에게 주신 복과 사명이 무엇인지를 살피면서 해당 성서본문을 읽고, 마음에 와 닿은 구절을 간략하게 나눕시다.

배움
1. 하느님께서 사람에게 베푸신 복과 명령은 무엇입니까? (2,7-17)
2. 하느님께서는 왜 여자를 창조하셨으며(2,18-22),
   하와를 맞이한 아담은 무엇이라고 외칩니까? (2,23)
3. 아담이 만물의 으뜸임을 어떻게 묘사하고 있습니까? (2,19-20)

묵상

1. 흙의 먼지로 빚어진 사람은 하느님의 숨결을 받아 비로소 생명 있는 존재가 되었습니다. 인간 생명의 존엄성과 목적을 묵상하면서 생명이 존중되는 경우와 소홀히 되는 경우를 생각해 봅시다.
2. 혼인에 대한 성서의 가르침(창세 2,24; 마태 19,6)을 마음에 새기며 혼인과 가정의 중요성을 묵상해 봅시다.

생활

하느님의 숨으로(2,7) 생명을 받은 자신의 존엄성을 생각하면서 10분 동안 침묵 중에 자신의 숨을 느껴봅시다.

마침기도

모든 그룹원이 자유기도 드리기.

Lesson 3
Where Are You?

CONTENTS
1. The sin of Adam and Eve (3,1-7)
2. The consequences of sin (3,8-24)

PRAY
1. Giving thanks to God who calls me saying: "Where are You?" (3,9)
2. Asking for faith that we may be saved from temptations.

READ: 3,1-24
Read the text pondering the mercy of God who is lovingly looking after humans who committed sins.
Share briefly one particular verse or event out of your readings in this lesson.

ASK
1. Examine the process of the Fall and the very substance of sin while you write down the dialogue between the woman and the serpent who distorted God's word very subtly.
   a) God's words (2,16-17)
   b) The questions of the tempter (3,1)
   c) The response of the woman (3,2)
   d) The temptation (3,5)
   e) The woman's reaction and the sin of the humans (3,6)
2. What happened in the human mind after they went against God's order? After the Fall, how did the relationship change between God and men, and among men themselves (3,7-13)?
3. What was the punishment for their sin and the renewed promise of God (3,14-24)?

TASTE

1. "where are you?" (3,9) is the loving call of God who is looking for me, a sinner. Meditate upon my response on how am I answering this call from God?
2. How am I trying to cover up my shortcomings, mistakes or sins (3,7)? Meditate upon the "garments of skins" (3,21) that God made for me to wear.

LIVE

Pray daily meditating and asking yourself:
"Where are you?" in a repetitive chant.

PRAY

Each member of the whole group takes turns praying in his or her own words.

제3과
너 어디 있느냐?

내용
1. 죄에 떨어진 아담과 하와 (2,25-3,7)
2. 죄의 결과 (3,8-24)

시작기도
1. '너 어디 있느냐?' (3,9)며 나를 찾으시는 하느님께 감사드리며.
2. 유혹에서 벗어날 수 있는 믿음을 구하며.

읽기: 3,1-24
범죄한 인간을 사랑으로 찾으시는 하느님의 자비를 생각하며,
본문을 읽고 마음에 와 닿은 구절이나 사건을 간략하게 나눕시다.

배움
1. 하느님 말씀을 왜곡시키는 유혹자의 말과 인간의 응답을 차례로
   적으면서 그 과정을 알아봅시다.
   (1) 하느님의 말씀(2,16-17)
   (2) 유혹자의 질문(3,1)
   (3) 여인의 응답(3,2)
   (4) 유혹(3,5)
   (5) 인간의 반응과 죄(3,6)
2. 하느님의 명령을 어긴 인간에게 어떤 변화가 일어납니까?
   하느님과 인간, 인간 상호간의 변화를 알아봅시다(3,7-13).
3. 인간이 하느님의 말씀을 어긴 뒤에 받게 된 벌과 하느님께서
   주신 새로운 약속을 무엇입니까? (3,14-24)

묵상

1. '너 어디 있느냐?' 하시는 하느님의 말씀은 나를 찾으시는 하느님의 부르심입니다. 나는 이 하느님의 부르심에 매 순간 어떻게 대답하고 있는지 묵상해 봅시다.

2. 나는 나의 부끄러움(허물, 실수, 죄 등)을 어떻게 숨기려 하며 (3,7), 이런 나를 위해서 하느님께서 베풀어 주시는 가죽옷(은총, 3,21)이 무엇인지 묵상해 봅시다.

생활

'너 어디 있느냐?' 하시는 하느님의 말씀을 매일 화살기도로 바칩시다.

마침기도

모든 그룹원이 돌아가며 자유기도 드리기.

Lesson 4
Where Is Your Brother Abel?

CONTENTS
1. Cain and Abel (4,1-16)
2. Descendants of Cain and Seth (4,17-26)
3. Generations: Adam to Noah (5,1-32)

PRAY
1. Listen to the Lord's call : "Where is your brother Abel?" (4,9)
2. To realize that I am a neighbor to each and every human beings, and I should not become jealous by comparing myself with others.

READ: 4,1-5,31
Read the text while paying attention to God's mercy and forgiveness in dealing with men committing sins, and being attentive to the genealogy of mankind.
Share briefly one particular verse or fact, which impressed you most, out of your readings in this lesson.

ASK
1. Cain was born "with the help of the LORD" (4,1). What was the sequence of events which lead to the Fall of Cain (4,1-8)?
2. What was God's protection for Cain who committed a grave sin?
   What was his punishment (4,9-16)?
3. Who ascended to Heaven without dying? How did the Bible describe him (5,24; Heb 11,5-6)?

TASTE

1. Meditate on God's words toward Cain who fell to the temptation of sin (4,6-7).
   Share the ways to cope with temptations (1Jn 3,15-18).
2. "Where is your brother?" is a question meant for us. How am I responsible for the care of my neighbor. How am I answering the above question directed to me (Lk 10,29-37; Rm 9,2-5; Mt 25,40)?

LIVE

Try to think about the good points of the people whom I don't like.
Then pray for that person, asking for the blessing of God.

PRAY

Each member of the whole group takes turns praying in his or her own words.

제4과
네 아우 아벨이 어디 있느냐?

내용
1. 카인과 아벨 (4,1-16)
2. 카인과 셋의 후손 (4,7-16)
3. 아담에서 노아까지의 족보 (5,1-32)

시작기도
1. "네 아우 아벨은 어디 있느냐?" (4,9)는 말씀에 귀 기울이며.
2. 내 자신이 모든 사람의 이웃임을 깨달으며 나와 다른 사람을
   비교하거나 시기하지 않기 위하여.

읽기: 4,1-5,32
인간의 범죄에 대한 하느님의 자비와 용서, 인류의 족보에
유의하면서 본문을 읽고 마음에 와 닿은 구절이나 사건을 간략하게
나눕시다.

배움
1. "주님의 도우심으로" (4,1) 태어난 카인이 죄에 떨어지는 과정을
   알아봅시다 (4,1-8).
2. 죄를 범한 카인은 어떤 벌을 받으며 하느님께서는 그를 어떻게
   보호하십니까? (4,9-16)
3. 죽음을 맛보지 않고 하늘로 올라간 사람은 누구이며, 그는 어떤
   사람이었습니까? (5,24; 히브 11,5-6)

묵상

1. 죄의 유혹에 떨어진 카인에게 하신 하느님의 말씀을 묵상하며
   (4,6-7) 유혹을 떨쳐내는 방법을 생각해 봅시다 (참조 1요한
   3,15-18).
2. "네 아우가 어디 있느냐?"고 물으시는 하느님의 질문은 곧
   약자에 대한 나의 관심과 책임을 묻는 것입니다. 이 질문에
   나는 어떻게 답하고 있는지 살펴봅시다 (루가 10, 29-37;
   마태 25,40; 로마 9,2-5).

생활

내가 불편한 감정을 가지고 있는 사람의 좋은 점을 세 가지 이상
생각하고 그를 위해 축복의 기도를 드립시다.

마침기도

모든 그룹원이 돌아가며 자유기도 드리기.

Lesson 5
For All Future Generations

CONTENTS
1. Origin of the Nephilim (6,1-4)
2. Preparations for the Flood (6,5-7,5)
3. The Great Flood (7,6-8,22)
4. Covenant with Noah and His sons (9,1-27)
5. Table of the Nations (10,1-32)
6. The tower of Babel (11,1-9)
7. The Line from Shem to Abraham (11,10-26)

PRAY
1. Give thanks to the Lord who made covenant with Man "for all future generations" (9,12).
2. Ask for the grace to cover watch over the wrong doings of others which are the "nakedness" like Shem and Japheth (9,23).

READ: 6,1-11,26
The narrative of the Flood and the tower of Babel reveal both judgment and mercy of God who punishes the sins but delivers mankind from evil. Read the text reflecting on God's love and saving power, and share a notable phrase with the group briefly.

ASK
1. Why did the great flood take place (6,5-12)?
2. What was the content of the covenant between God and Noah?
   What sign did God give for the covenant (9,1-17)?
3. What was the motive and purpose in constructing the tower of Babel?
   What was the final consequence of the project (11,2-9)?

TASTE

1. Obeying God's Word, Noah accomplished building the Ark while he lived in the world full of sin. There are people who try to live like Noah in our days. Reflect on how I live.
2. The tower of Babel had brought disharmony and dissolutions, while the Holy Spirit had brought unity and communion (Acts 2,1-11). Think about the elements similar to the tower of Babel which cause conflict and disharmony among us and within me. Reflect on the way to reach unity out of divisions.

LIVE

Try to cover other's "nakedness" (shortcomings or faults) during the whole week to come.

PRAY

Each member of the whole group takes turns praying in his or her own words.

제5과
미래의 모든 세대를 위하여

내용:
1. '느빌림'의 기원 (6,1-4)
2. 홍수 대비 (6,5-7,5)
3. 대홍수 (7,6-8,22)
4. 노아와 그 후손들과의 계약 (9,1-27)
5. 민족들의 계보 (10,1-32)
6. 바벨탑 (11,1-9)
7. 셈에서 아브람까지 (11,10-26)

시작기도
1. "미래의 모든 세대를 위하여"(9,12) 계약을 맺으신 주님께
   감사드리며.
2. 셈과 야벳처럼 이웃의 "벌거벗음"(9,23)을 감싸줄 수 있기를
   바라며.

읽기: 6,1-11,26
인간의 죄를 벌하시면서 또한 구원해 주시는 하느님의 정의와
자비를 생각하면서 본문을 읽고, 마음에 와 닿은 구절이나 사건을
나눕시다.

배움
1. 홍수는 왜 일어났습니까? (6,5-12)
2. 홍수가 일어난 뒤에 하느님께서 노아와 맺으신 계약의 내용은
   무엇입니까? (9,1-17)
3. 사람들은 왜 바벨탑을 쌓았으며 그 결과는 어떠하였습니까?
   (11,1-9)

묵상

1. 죄악이 만연되고 못된 생각과 행동들로 가득 찬 세상에
   살면서도 노아는 올바르고 흠 없이 살았습니다. 오늘 우리의
   현실 속에서 노아처럼 살고자 하는 사람들이 겪고 있는 고난을
   생각해 보면서, 나의 경우는 어떠한지 묵상해 봅시다.
2. 바벨탑은 분열을 일으키고 성령은 일치와 친교를 이루어줍니다
   (사도 2,1-11). 나 자신과 우리 안에서 분열을 일으키는 바벨탑의
   요소는 무엇인지 묵상하며, 이러한 분열 중에 어떻게 일치를
   이룰 수 있을지 생각해 봅시다.

생활

한 주간 동안 다른 사람의 "벌거벗음"(허물, 약점)을 감싸주는
사랑을 실천합시다.

마침기도

모든 그룹원이 자유기도 드리기.

GO FORTH !
떠나가거라
(12,1)

Lesson 6
Go Forth!

CONTENTS
1. Genealogy of Terah (11,27-32)
2. Abram's Call and Migration (12,1-9)
3. Abram and Sarai in Egypt (12,10-20)
4. Abram and Lot part, Melchizedek (13,1-14,24)

PRAY
1. Trusting in God who says: "Go from your country" (12,1).
2. Asking for the right use of the blessing of your material wealth.

READ: 11,27-14,24
Pay attention towards the genealogy of Terah, Abram's migration, God's promise, various personalities such as Sarai, Lot, Melchizedek, and many other events. Read the text with the following events. Choose a verse and/or an event that stand out to you and briefly share why it is significant to you.

ASK
1. Let us summarize Abram's response to God's calling (12,1-5):
   a) God's order (12,1)
   b) God's promise (12,2-3)
   c) Abram's response (12,4-5)
2. Who was Melchizedek and how did he bless Abram? With what kind of attitude did Abram deal with him (14,17-24; Heb 7)?

TASTE

1. Meditate over the Genealogy and it's meaning. Think about how the history of salvation has reached to your life. Remember the events or people who have contributed to the growth of your spiritual life.
2. God calls Abram from the basis of his secure life to the unknown Promised Land. With absolute trust, Abram responded to God's call.
   Meditate upon what you must leave behind and what the promised land is meant for you.
3. Abram gave priority to his nephew Lot to choose the land out of his care and love for him. Meditate upon your own preference and attitude toward choosing certain material matters or possessions(Her 5; Acts 5,1-11).

LIVE

Prepare Sunday offerings thoughtfully before the Mass.

PRAY

Each member of the whole group takes turns praying in his or her own words.

제6과
떠나가거라

내용:
1. 데라의 족보 (11,27-32)
2. 아브람의 부르심 받음과 떠나감 (12,1-9)
3. 이집트에서의 아브람과 사래 (12,10-20)
4. 롯의 분가와 멜기세덱 (13,1-14,24)

시작기도
1. "떠나가거라"(12,1)하시는 하느님의 이끄심에 신뢰하며.
2. 하느님께서 복으로 주신 물질을 올바르게 사용하기 위하여.

읽기: 11,27-14,24
데라의 족보에서 아브람의 떠남, 하느님의 약속, 사래, 롯,
멜기세덱 등과 관련된 사건들을 살펴보면서 본문을 읽고, 마음에
와 닿은 구절이나 사건을 간략하게 나눕시다.

배움
1. 하느님께서 아브람을 부르실 때 하신 말씀과 아브람의 응답을
   기록해 봅시다(12,1-5).
   (1) 하느님의 명령(12,1)
   (2) 하느님의 약속(12,2-3)
   (3) 아브람의 응답(12,4-5)
2. 아브람을 축복한 멜기세덱은 누구이며, 그는 아브람에게
   무엇이라고 합니까? 이에 대한 아브람의 반응은 어떠합니까?
   (14,17-24: 참조 히브 7장)

묵상

1. 인간에 대한 하느님의 계속적인 복을 알려주는 족보의 의미를 되새기고, 자신의 일생 동안 구원의 역사를 생각하며 영적인 생명에 도움을 준 사람들이나 사건을 되돌아봅시다.
2. 아브람은 전혀 알지 못하는 땅으로 "떠나라"고 하시는 하느님의 부르심에 절대적인 신뢰로 응답합니다. 하느님께서 오늘 내게 "떠나라"고 하시는 것은 무엇이며 새롭게 약속하시는 땅은 무엇인지 묵상해 봅시다.
3. 아브람과 롯의 분가 이야기에서(13,1-18) 아브람은 하느님께 대한 신뢰와 조카에 대한 배려로 롯에게 우선권을 줍니다. 물질에 대한 나의 태도와 선택의 기준은 어떤지 묵상합시다.

생활

주일 미사 전에 봉헌금을 정성을 다하여 준비합시다.

마침기도

모든 그룹원이 자유기도 드리기.

LOOK TOWARD HEAVEN
하늘을 쳐다보아라
(15,5)

Lesson 7
Look Toward Heaven

CONTENTS
1. The Covenant with Abram (15,1-21)
2. Birth of Ishmael (16,1-16)
3. Covenant of circumcision (17,1-27)

PRAY
1. That you may have hope in God who says: "Look toward heaven" (15,5).
2. Asking for help to keep the promise I made with God at the time of my baptism.

READ: 15,1-17,27
God made the covenant with Abram as a guarantee of His promise. Read the text carefully with special attention to Abram's attitude towards the covenant.
Choose a verse or an event that stand out to you and briefly share it with your group why it is significant to you.

ASK
1. Why was Abram disappointed? What was the formulation and the content of God's covenant with Abram (15,1-21)?
2. How did Abram and Sarai try to solve the problem about their concern for their infertility by themselves and how did it work out at the end (16,1-6; Gal 4,22-31)?
3. What did God demand as commitment form Abram prior to His covenant (17,1) and how was Abram's name changed (17,5)?
How was Sarai renamed (17,15)?

TASTE

1. God made a visitation to Hagar when she was afflicted with trials.
   Reflect on your encounter with God when you were in difficulties, and share your experience(16,1-16; 21,14-21; Gal 4,22-31).
2. Think about the meaning of the "covenant of circumcision" and meditate on what kind of life is meant by the circumcision as a sign of God's people today.

LIVE

Try to help and pray for your neighbors who are in trouble among themselves.

PRAY

Each member of the whole group takes turns praying in his or her own words.

제7과
하늘을 쳐다보아라

내용:
1. 하느님께서 아브람과 계약을 맺으시다 (15,1-21)
2. 이스마엘의 탄생 (16,1-16)
3. 계약과 할례 (17,1-27)

시작기도
1. "하늘을 쳐다보아라"(15,5) 하시는 하느님께 희망을 두고.
2. 하느님께 약속했던 결심을 지킬 은총을 청하며.

읽기: 15,1-17,27
하느님께서는 아브람에게 한 약속의 보증으로 그와 계약을 맺습니다. 이에 대한 아브람의 태도가 어떠한지를 살펴보면서 본문을 정성껏 읽고, 마음에 와 닿은 구절이나 사건을 간략하게 나눕시다.

배움
1. 아브람은 왜 실망하고 있었습니까? 하느님께서 이러한 아브람과 맺으신 계약의 내용과 형식은 어떠합니까? (15,1-21)
2. 하느님께서는 아브람과 사래의 걱정에 대해 어떤 약속을 하셨으며, 그들은 어떻게 그 약속을 이루려고 하였습니까 그 결과는 어떠하였습니까? (16,1-16 : 갈라 4,22-31)
3. 하느님께서 아브람과 계약을 맺기 전에 그에게 무엇이라고 하셨으며(17,1), 아브람과 사래의 이름을 어떻게 바꾸어 주십니까? (17,5-15)

묵상

1. 하느님께서는 고통 중에 있는 하갈을 만나 주십니다.
   어려움 중에 만났던 하느님 체험을 나누어 봅시다
   (16,1-16; 21,14-21; 갈라 4,22-31).
2. 계약의 표징인 할례의 의미를 생각하며, 오늘날 우리가 하느님
   백성으로서 어떤 표징을 지니고 살아야 할지 묵상해 봅시다.

생활

어려운 처지에 있는 이웃을 위하여 화살기도를 드립시다.

마침기도

모든 그룹원이 자유기도 드리기.

Lesson 8
God Has Brought Laughter To Me

CONTENTS
1. Abraham's Visitors (18,1-15)
2. Abraham Intercedes for Sodom (18,16-33)
3. Destruction of Sodom and Gororrah, Moabites and Ammonites (19,1-38)
4. Abraham and Abimelech (20,1-18; 21,22-34)
5. Birth of Isaac and the Pact at Beer-sheba (21,1-21)

PRAY
1. Hoping in God "has brought laughter for me" (21,6).
2. For this world of ours, that is on the verge of destruction as were Sodom and Gomorrah.

READ: 18,1-21,34
God did not punish the righteous along with the evil ones in his judgment of the sins of the world. Also God gave Abraham the promised son, Isaac. Read the text in this lesson preparing to meet God, Who is just and faithful to His promise. Choose a verse or an event that stands out to you and share your thoughts with others.

ASK
1. How did Abraham and Sarah react when they were reminded of God's promise and reassured of a son (18,9-15; cf 17,17-18)?
2. For what had Abraham begged God and why were Sodom and Gomorrah destroyed (18,16-33 ; 19,1-9)?
3. Who is the promised heir of Abraham and what is the meaning of the name (21,1-7; 17,19)?

TASTE
1. Reflect on how Abraham entreated God numerous times
   to rescue Sodom and examine how long and ardently
   I am praying to God for others.
2. Reflecting on the meaning of God's order "do not look
   back or stop anywhere in the plain" (19,17), meditate
   upon your own attachments which you have often looked
   back on.

LIVE
Recite five decade of Rosary for our community and the
Church we belong to.

PRAY
Each member of the whole group takes turns praying in his
or her own words.

제8과
하느님께서 나에게 웃음을

내용:
1. 아브라함이 맞이한 손님들 (18,1-15)
2. 소돔을 위해 간구하는 아브라함 (18,16-33)
3. 타락한 도시들의 멸망, 모압과 암몬족 (19,1-38)
4. 아브라함과 아비멜렉 (20,1-18; 21,22-34)
5. 이사악의 탄생과 브엘세바에서의 약속 (21,1-21)

시작기도
1. "하느님께서 나에게 웃음을"(21,6) 주시기를 희망하며.
2. 소돔과 고모라처럼 파멸의 위기를 맞고 있는 오늘의 세상을
   위하여.

읽기: 18,1-21,34
하느님께서는 죄악을 벌하시나 의인을 악인과 함께 멸망시키지
않으십니다. 또한 아브라함에게는 약속하셨던 아들 이사악을
주십니다. 정의로우시며 약속에 충실하신 하느님을 생각하며
본문을 읽고, 마음에 와 닿은 구절이나 사건을 간략하게 나눕시다.

배움
1. 약속을 일깨워 주시는 하느님께 대한 아브라함과 사라의 반응은
   어떠하였습니까? (18,9-15; 참조 17,17-18)
2. 아브라함은 하느님께 무엇을 청하였으며, 소돔은 왜
   멸망하였습니까? (18,16-33; 19,1-9)
3. 아브라함에게 약속하신 상속자는 누구이며 그 이름의 뜻은
   무엇입니까? (21,1-7; 참조 17,19)

묵상

1. 아브라함이 소돔을 구하기 위해 여러 번 하느님께 청하는 모습을 보며, 나는 다른 사람을 위하여 얼마나 오래 그리고 진지하게 기도하고 있는지 살펴봅시다.
2. 롯의 아내에게 "뒤를 돌아보지 말라"(19,17)고 하신 말씀의 의미를 되새기면서 내가 자주 뒤돌아보며 집착하고 있는 것이 무엇인지 묵상합시다.

생활

우리가 살고 있는 지역과 교회 공동체를 위해 '묵주기도' 5단을 바칩시다.

마침기도

모든 그룹원이 자유기도 드리기.

Lesson 9
Yahweh Yireh

CONTENTS
1. Abraham's faithful obedience to God (22,19)
2. Death of Sarah and the cave Machpelah (22,20-23,20)
3. Marriage of Isaac and Rebekah (24,1-67)
4. Death of Abraham (25,1-18)

PRAY
1. Give thanks to God who is "Yahweh Yireh(The LORD will provide)" (22,14).
2. Pray for peace among family members.

READ: 22,1-25,18
Abraham and Isaac encountered God who is "Yahweh Yireh." The servant of Abraham faithfully accomplished bringing a bride for Isaac. Reflect on the growth of their faithful life and the providence of the Lord. Read the text and share your experiences briefly.

ASK
1. What did God command Abraham to do, and what was his response?
   What is the meaning of "Yahweh Yireh" (22,8.14)?
   How did God reward Abraham for his faith (22,15-18)?
2. What did Abraham commission the head servant, the steward of his property, to do?
   How did the steward accomplish his mission (24,2-67)?
3. What kind of personality did Rebekah have (24,15-20.58. 67)?

TASTE

1. God provides Abraham with everything, because his unconditional faith directed all his deeds. Reflect on the situations in my life when I have experienced "Yahweh Yireh."
2. Meditating on the attitude of Abraham's servant who was faithful to do his master's will, think of my attitude to life.

LIVE

Try to visit and to encourage the ones who are in trouble and being tested, and pray for that person trusting in God who is "Yahweh Yireh."

PRAY

Each member of the whole group takes turns praying in his or her own words.

제9과
야훼 이레

내용:
1. 하느님께 충실히 순종하는 아브라함 (22,1-19)
2. 사라의 죽음과 막벨라 동굴 (22,20-23,20)
3. 이사악과 리브가의 혼인 (24,1-67)
4. 아브라함의 죽음 (25,1-18)

시작기도
1. "야훼 이레"(22,14) 하느님께 감사드리며.
2. 가정의 화목을 위하여.

읽기: 22,1-25,18
아브라함과 이사악은 "야훼 이레"이신 하느님을 체험합니다.
아브라함의 종은 이사악의 아내를 데려오기까지 자신의 사명에
충실합니다. 믿음을 통해 성숙해 가는 그들의 모습과 하느님의
인도하심을 살펴보면서 본문을 읽고 간략하게 나눕시다.

배움
1. 하느님께서는 아브라함에게 무엇을 명령하셨으며, 그는 어떻게
   응답하였습니까? "야훼 이레"의 뜻은 무엇이며, 하느님께서는
   아브라함의 믿음에 어떻게 보답해 주십니까? (22,1-18)
2. 아브라함은 그의 재산을 맡아보는 종에게 어떤 사명을
   주었으며, 그 종은 사명을 어떻게 이행합니까? (24,2-67)
3. 리브가는 어떤 품성을 지닌 사람입니까? (24,15-20.58.67)

묵상

1. 하느님을 온전히 신뢰함으로써 얻게 되는 "야훼 이레"의 믿음은 나의 신앙생활에 얼마만큼 영향을 주고 있습니까?
2. 아브라함의 종이 주인의 뜻을 이루기 위해 충실했던 모습을 묵상하며 나의 생활은 어떠한지 되돌아봅시다.

생활

한 주간 동안 "야훼 이레"이신 하느님을 신뢰하며, 시련과 고통 중에 있는 사람을 찾아 격려하거나 그를 위해 화살기도를 드립시다.

마침기도

모든 그룹원이 돌아가며 자유기도 드리기.

IT WAS NOT YOU, BUT GOD!
하느님이십니다!
(45,8)

Lesson 10
The Lord has been With You

CONTENTS
1. Birth of Esau and Jacob (25,19-34)
2. Isaac and Abimelech (26,1-5)
3. Jacob snatches away Isaac's blessing from Esau (27,1- 28.9)
4. God's appearance to Jacob at Bethel (28,10-22)

PRAY
1. Bless each other and say: "The Lord has been with You" (26,28).
2. For reconciliation and love among family members.

READ: 25,19-28,22
Isaac's two sons held different views on birthrights. Look into the way the divine blessing worked out in the text. Select a particularly notable phrase or scene from the reading and share your reasons why you have chosen them.

ASK
1. Compare Esau and Jacob, Isaac's two sons, the meaning of their names, birth story, and their character. How are their attitudes concerning the prerogatives of the eldest son different (25,21-34)?
2. How did God help Isaac who was staying in the foreign land (Philistines)?
   What was Isaac's attitude towards the inhabitants there (26,1-5.23-25)?
3. What dream did Jacob have on his way to Haran, and on awakening out of the dream, what did he say and how did he behave (28,10-22)?

TASTE

1. God chose Jacob despite his shortcomings and led him with blessings.
   Ponder what kinds of blessings God has bestowed upon me. How am I receiving these blessings?
2. Consider Isaac's situation living among foreigners (Philistines).
   How do I comfort myself in the face of those who reject and assail me?

LIVE

Thinking of Isaac, come up with one thing that I need to do for others without expecting a return with generosity.

PRAY

Each member of the whole group takes turns praying in his or her own words.

제10과
주님께서 그대와 함께

내용:
1. 에사오와 야곱의 출생 (25,19-34)
2. 이사악과 아비멜렉 (26,1-5)
3. 에사오의 축복을 가로채는 야곱 (27,1-28,9)
4. 베델에서 야곱에게 나타나신 하느님 (28,10-22)

시작기도
1. "주님께서 그대와 함께"(26,28)라고 서로 축복하기 위하여.
2. 가정의 화목과 가족들 간의 우애를 구하며.

읽기: 25,19-28,22
이사악의 두 아들은 장자의 축복에 대한 태도를 달리합니다.
본문을 읽으며 눈에 띄는 구절이나 인상 깊은 장면을 선택하고
그 이유를 나누어 봅시다.

배움
1. 야곱과 에사오가 태어날 때의 모습, 이름의 뜻, 성격을 비교해
   봅시다. 맏아들의 권리에 대한 두 사람의 태도는 어떻게
   다릅니까? (25,21-34)
2. 하느님께서는 이방인들 가운데 사는 이사악을 어떻게
   도우셨으며, 이방인들에 대한 이사악의 태도는 어떠합니까?
   (26,1-5.23-25; 참조 20,1-18; 21,22-34)
3. 야곱은 베델에서 어떤 꿈을 꾸었으며, 잠에서 깨어난 뒤에는
   어떤 말과 행동을 하였습니까? (28,10-22)

묵상

1. 하느님께서는 결점 있는 야곱을 선택하여 복을 주시며 이끄십니다. 하느님께서 나에게 주신 복에는 어떤 것이 있는지, 또 나는 그 복을 어떻게 받아들이고 있는지 묵상해 봅시다.
2. 이방인들을 대하는 이사악의 모습을 묵상하며, 나를 거부하거나 공격하는 사람들을 나는 어떻게 대하는지 되돌아봅시다.

생활

이사악을 생각하며 나에게 필요한 것 한 가지를 너그러운 마음으로 다른 사람에게 양보합시다.

마침기도

돌아가며 각자 자유기도 드리기.

Lesson 11
Jacob!

CONTENTS
1. Jacob's marriage to Leah and Rachel (29,1-30)
2. Jacob's children (29,31-30,24)
3. Conflict between Jacob and Laban (30,25-31,54)

PRAY
1. Pray while listening to God who calls me by name: "Jacob!" (31,11)
2. Pray for those who are suffering from a relationship as encountered between Jacob and Laban.

READ: 29,1-31,54
God has always stayed with Jacob. Read the text and examine Jacob's hard labor and the process which he had to go through in order to achieve his goal. Choose a verse or an event that stands out to you and share with others why you chose them.

ASK
1. What happened to Jacob in Haran while he had lived with Laban?
   (1) Treaty with Jacob and Laban (29,15-30)
   (2) Conflicts between Leah and Rachel (29,31-30,24)
   (3) Conflicts between Jacob and Laban (30,25-43)
2. List the 12 sons of Jacob in order of Birth. Take a note of the mother of each (29,31-30,24).
3. What was the reason for Jacob to decide to go back to his home town?
   What treaty did Jacob make with Laban who had chased after him(31,1-54)?

TASTE

1. Jacob had to sacrifice quite a lot for Rachel whom he loved. Reflect on my experience of offering your sacrifices, and meditate on how gladly and patiently I am willing to sacrifice for others.
2. Reflecting on why God had provided Jacob to serve a man like Laban as his master, meditate on how you would do if you were in Jacob's shoes.

LIVE

Pray one decade of the Rosary for the families who are in trouble.

PRAY

Each member of the whole group takes turns praying in his or her own words.

제11과
야곱아!

내용:
1. 레아와 라헬과 혼인한 야곱 (29,1-30)
2. 야곱의 아들들 (29,31-30,24)
3. 야곱과 라반의 갈등 (30,25-31,54)

시작기도
1. "야곱아!"(31,11) 하시는 하느님의 부르심에 귀 기울이며.
2. 야곱과 라반처럼 갈등하며 고통 중에 있는 사람들을 위하여.

읽기: 29,1-31,54
하느님께서는 야곱과 늘 함께 하십니다. 목적을 이루기 위해
애쓰는 야곱의 모습과 그 과정을 살펴보면서 본문을 정성껏
읽읍시다. 눈에 띄는 구절이나 가장 인상 깊은 장면을 선택하고
그 이유를 이야기해 봅시다.

배움
1. 라반에게 간 야곱은 하란에 살면서 어떤 일들을 겪었습니까?
   - 야곱과 라반과의 거래 (29,15-30)
   - 레아와 라헬 사이의 갈등 (29,31-30,24)
   - 야곱과 라반과의 갈등 (30,25-30)
2. 야곱의 열두 아들의 이름을 차례로 기록하고, 그 어머니가
   누구인지 알아봅시다 (35,16-26).
3. 야곱이 고향으로 돌아가기로 결정한 동기는 무엇이며,
   추격해 온 라반과 어떤 계약을 맺습니까? (31,1-54)

묵상

1. 야곱은 사랑하는 사람을 위해 많은 희생을 했습니다. 다른 사람을 위해 희생했던 경험을 되돌아보며, 현재 내 삶에서 기쁘게 희생과 인내를 감수하고 있는지 묵상합시다.
2. 하느님께서는 야곱에게 라반과 같은 사람을 섬기도록 섭리하셨습니다. 만일 내가 이러한 처지에 있다면 어떻게 행동할지를 묵상해 봅시다.

생활

어려움을 겪고 있는 가정들을 위하여 묵주의 기도를 드립시다.

마침기도

돌아가며 각자 자유기도 드리기.

Lesson 12
You shall be called Israel

CONTENTS
1. Jacob's name was changed as Israel (32,1-33)
2. Jacob and Esau Meet (33,1-34,31)
3. Jacob's encounter with God at Bethel (35,1-36,43)

PRAY
1. To praise the Lord who says; "Your name shall no more be called Jacob, but Israel" (32,28).
2. Give thanks to the Lord who hears our urgent petitions.

READ: 29,1-31,54
Examine the text on how Jacob's earlier attitude was trying to desperately earn God's blessing, and how his attitude was going to change. Choose a verse or an event which touches you and share it briefly with others.

ASK
1. What were the problems Jacob had to solve as he was nearing his native land and what did he do to solve them (32,4-22)?
2. Compare the two prayers of Jacob: The one on the way back to his native land from Haran (32,10-11) with the one previously at Bethel (28,20-22).
   How different were the two prayers of Jacob then and now? Also what was God's response (33,1-16) to Jacob's prayer (32,12-13)?
3. How was Jacob's state of mind when he wrestled with "beings divine" through the night near Jabbok?
   What was the new name and it's meaning given to Jacob at that time (32,23-33)? How did God bless Jacob (35,9-12)?

TASTE

1. Before he went up to Bethel where he encountered God for the first time Jacob told his family and all the others who were with him: "Put away the foreign gods that are among you, and purify yourselves, and change your clothes" (35,2). Reflect on my attitude during Mass or during prayer time. Reflect upon my preparation for encountering with God.

2. Reflecting on how Jacob begged his brother Esau for his forgiveness and requested a reconciliation, meditate on what I have been doing, if anything, to bring forth a reconciliation with my brethren or neighbors with whom I am not in a good relationship (33,1-17 : Lk 15,11-24).

LIVE

Recalling the person with whom you are not in a good relationship, bless and pray for that person.

PRAY

Each member of the whole group takes turns praying in his or her own words.

제12과
이스라엘이라 불리리라

내용
1. 야뽁강에서의 야곱 (32,1-33)
2. 에사오와 다시 만난 야곱 (33,1-34,31)
3. 베델에서 하느님을 만난 야곱 (35,1-36,43)

시작기도
1. "이스라엘이라 불리리라"(32,29)고 하시는 주님을 찬양하며.
2. 우리의 간절한 기도를 들어주시는 주님께 감사하며.

읽기: 32,1-36,43
하느님의 복을 받기 위해 투쟁했던 야곱이 변화되는 모습을
살펴보면서 본문을 읽읍시다. 눈에 띄는 구절이나 인상 깊은
장면을 선택하고 그 이유를 이야기해 봅시다.

배움
1. 고향 땅에 가까이 온 야곱에게는 어떤 문제가 있었으며,
   이를 어떻게 해결하려고 하였습니까? (32,4-22)
2. 야뽁강에서의 기도(32,10-11)와 베델에서의 서원(28,20-22)을
   비교하면서 야곱의 변화된 모습을 살펴봅시다. 하느님은 그의
   기도(32,12-13)에 어떻게 응답하십니까? (33,1-16)
3. 야뽁강에서 밤새 씨름했던 야곱의 상태는 어떠하였으며,
   그 때 야곱이 받은 새 이름의 뜻은 무엇입니까? (32,23-33)
   이런 야곱을 하느님께서는 어떻게 강복하십니까? (35,9-12)

묵상

1. 야곱은 하느님을 처음으로 체험했던 베델로 가기 전에 그의 가족과 모든 사람들에게 "모든 이방신을 내버리고 몸을 깨끗이 하고 옷을 갈아 입으라"(35,2)고 합니다. 나는 하느님을 만나기 위해 어떻게 준비하는지 묵상하며, 미사 또는 기도드릴 때의 마음가짐이 어떠한지 돌아봅시다.

2. 에사오와 화해하기 위한 야곱의 노력을 생각하면서, 나는 불편한 관계에 있는 형제나 이웃과 화해하기 위해 어떤 노력을 하고 있는지 돌이켜 봅시다(33,1-17; 루가 15,11-24).

생활

나와 불편한 관계에 있는 사람을 떠올리며 축복의 기도를 드립시다.

마침기도

돌아가며 각자 자유기도 드리기.

Lesson 13
The LORD Was With Joseph

CONTENTS

PRAY

1. Pray for awareness of the Lord's presence among us just as "the LORD was with Joseph" (39,23) even when he was unaware.
2. Asking for the grace to remember God when you confronting temptations.

READ: 37,1-41,57

Joseph overcame numerous obstacles and didn't loose his faith in God. Read the text and select a notable verse or a scene that touches you and share it with others explaining the reason why you have chosen it.

ASK

1. Why was Joseph hated by his brothers and what was the result (37,1-36)?
2. What is the message in the narrative of Judah and Tamar (38,1-30)?
   Find the verse where Tamar is mentioned in the Genealogy of Jesus Christ (Mt 1).
3. How did Joseph experience that "the LORD was with him". Glean from the readings how God remained faithful to Joseph each time (39,1-41,49)?

TASTE

1. Reflecting on how Joseph had lived within God's providence during his life at Potiphar's house, in the prison, and as governor of Egypt, meditate how I have been living my life in this ever-changing life-setting.
2. The chief butler, who was released from Potiphar's prison (40,1-23) had forgotten for two years about Joseph who interpreted his dream in prison. He later requested Pharaoh to acknowledge Joseph's innocence (40,23-41). Reflect on how I have been treating those to whom I owe something and those who do not appreciate my help.

LIVE

Try to express my gratitude to those to whom I owe thanks for their help, by sending mails or flowers, making phone calls, and so on.

PRAY

Each member of the whole group takes turns praying in his or her own words.

제13과
주님께서 요셉과 함께

내용:
1. 요셉과 그의 형제들 (37,1-36)
2. 유다와 다말 이야기 (38,1-30)
3. 요셉이 유혹을 받다 (39,1-23)
4. 요셉의 해몽과 총리 등용 (40,1-41,57)

시작기도
1. 요셉이 의식하지 못했을 때에도 "주님께서 요셉과 함께"(39,23) 하심과 같이 우리 가운데 주님이 계심을 의식할 수 있기를 기도 드리며.
2. 유혹 앞에서 하느님이 계심을 기억할 은총을 청하며.

읽기: 37,1-41,57
요셉은 온갖 고난과 역경 속에서도 하느님께 대한 믿음을 잃지 않았습니다. 본문을 읽으며 마음에 와 닿는 구절이나 장면을 나누어봅시다.

배움
1. 요셉의 형제들이 요셉을 미워한 까닭은 무엇이며, 그 결과는 어떠합니까? (37,1-36)
2. 유다와 다말의 이야기에서 알 수 있는 것은 무엇입니까? (38,1-30). 예수 그리스도의 족보에서 다말이 나오는 구절을 찾아봅시다(마태 1장).
3. 요셉은 이집트에서 "하는 일마다 주님께서"(39,23) 함께 계심을 어떻게 체험했습니까? (39,1-41,49)

묵상

1. 보디발의 집, 옥중 생활, 총리 생활을 통해서 요셉이 보여준 생활태도와 하느님의 인도하심을 생각하면서, 나는 다양한 사건과 사람 속에서 어떤 자세로 살아왔는지 되돌아봅시다.

2. 요셉의 해몽대로 출감한 시종장은(40,1-23) 요셉의 부탁을 2년 동안이나 잊고 살았습니다(40,23-41). 나는 내게 선의를 베푼 사람에게 어떻게 보답했으며, 내가 이웃에게 베푼 선의에 대해 잊고 사는 사람에게 어떤 마음이 들었는지 생각해 봅시다.

생활

내게 선의를 베푼 사람에게 사랑의 표시를 보냅시다.
(예: 편지 쓰기, 꽃 보내기, 전화하기 등)

마침기도

돌아가며 각자 자유기도 드리기.

Lesson 14
It Was Not You But God!

CONTENTS

PRAY
1. Asking for the faith saying: "It was not you, but God" (45,8) in every event.
2. To be thankful to God for the special blessing of completing Genesis, and to ask Him for the courage, wisdom, and opportunity to serve others by sharing this blessing.

READ: 42,1-50,26
The book of Genesis ends with a story of how Joseph reconciles with his brothers from whom he had been alienated from. Read the text bearing in mind the love of God that has been revealed in this book. Choose a memorable verse or a scene that touches you deeply and share your reasons with others.

ASK
1. When Joseph met his brothers, how did he confirm his brother's honest answers and their brotherly love (42,6-20; 44,18-34)?
2. How could Joseph forgive and be reconciled with his brothers (45,5-9; 50,15-21)?
3. What were the blessings and the last words that Joseph made on his deathbed (50,22-26)?

TASTE
1. A true reconciliation begins with confession of my sins. Reflect on Judah and other brothers who confessed their wrong-doings and tried to take full responsibility for it (44,16-44). Think about my attitudes in confessing my faults and sins.
2. Think about Joseph's steadfast trust in God, his truthful life, and also how his genuine love of his brothers bore fruits. Meditate upon the attitude of life which today's apostles should cultivate.

LIVE
Give thanks for the grace received through reading and studying the book of Genesis. And take a special effort to visit the Blessed Sacrament before or after Mass.

PRAY
Each member of the whole group takes turns praying in his or her own words.

제14과
하느님이십니다!

내용
1. 요셉과 형제들의 화해 (42,1-45,28)
2. 이집트로 떠나는 야곱 (46,1-47,26)
3. 요셉의 두 아들을 축복하는 야곱 (47,27-48,22)
4. 열두 아들을 축복하는 야곱 (49,1-28ㄱ)
5. 야곱의 죽음과 장례 (49,28ㄴ-50,14)
6. 요셉의 죽음 (50,15-26)

시작기도
1. 모든 일에 "하느님이십니다!"(45,8)라고 고백하는 신앙을
   청하며.
2. 창세기를 마칠 수 있게끔 특별한 복을 주심에 감사드리고 다른
   이들을 섬길 용기와 지혜와 기회를 청하며.

읽기: 42,1-50,26
창세기는 요셉이 형제 관계를 회복하는 이야기로 마칩니다. 하느님
의 사랑이 창세기를 통해 어떻게 드러나는지를 살펴보면서 마음에
와 닿는 구절이나 장면을 나누어 봅시다.

배움
1. 요셉은 형들을 만났을 때 그들의 진실한 대답과 우애를
   확인하기 위해서 어떻게 하였습니까? (42,6-20; 44,18-34)
2. 요셉이 형들을 용서하고 형제들이 서로 화해할 수 있었던
   근거는 어디에 있었습니까? (45,5-9; 50,15-21)
3. 요셉이 죽기 전에 한 축복과 유언은 무엇입니까? (50,22-26)

묵상

1. 참된 화해는 잘못에 대한 고백에서 시작됩니다. 죄를 고백하면서 책임을 지고자 하는 유다와 그 형제들을 묵상하면서(44,16-34), 허물과 죄를 고백하는 나의 태도는 어떠해야 할지 살펴봅시다.
2. 요셉의 굳은 믿음과 성실한 생활 그리고 형제들에 대한 아름다운 사랑이 어떻게 열매 맺는지 돌아보며, 이 시대를 사는 사도로서 지녀야 할 내 삶의 자세에 대해 묵상해 봅시다.

생활

창세기를 통해 받은 모든 은혜에 감사드리며, 미사 전·후에 성체조배를 합시다.

마침기도

모두 돌아가면서 자유기도드리기.

Book and cover design by Joseph Shin, Myung Woo
Pictures drew by Sr. Regina Choi, SOLPH
Editing by CBLM(Catholic Bible Life Movement) in the U.S.A.

You will be a blessing
(Gen 12,2)
- Genesis Questionnaire -

First edition: 2004.4.11
Published by Living with Scripture Publishers
177-8 Hukseok-Dong, Tongjak-Gu, Seoul, KOREA
Tel (02) 822-0125, 0126 FAX (02) 822-0128
http://www.liwibi.com / e-mail : order@liwibi.com
© 2004 Living with Scripture Publishers
Printed in the Korea

책 표지 및 내지 디자인 : 신명우 요셉
성서 뜻그림 : 최봉자 레지나 수녀
내용 편집: 미주 성서모임

너는 복이 되리라
(창세 12,2)
- 영한 창세기 문제집 -

처음 펴낸 날 : 2004년 4월 11일
지은이 : 가톨릭성서모임
펴낸이 : 김부자
펴낸곳 : 성서와함께
156-070 서울시 동작구 흑석동 177-8
Tel (02) 822-0125, 0126 FAX (02) 822-0128
http://www.liwibi.com / e-mail : order@liwibi.com
등록번호 : 14-44(1987년 11월 25일)
지로번호 : 3004896

© 2004 성서와함께

ISBN 89-7635-143-6 13230
ISBN 89-7635-902-X(세트)